Impressum
Verlag: BABADADA GmbH, Nedderfeld 112 , 22529 Hamburg
Geschäftsführer / Verlagsleitung: Harald Hof
Druck: Books on Demand GmbH, In de Tarpen 42, 22848 Norderstedt

Imprint
Publisher: BABADADA GmbH, Nedderfeld 112 , 22529 Hamburg, Germany
Managing Director / Publishing direction: Harald Hof
Print: Books on Demand GmbH, In de Tarpen 42, 22848 Norderstedt

okul

ቤት-ትምህርቲ

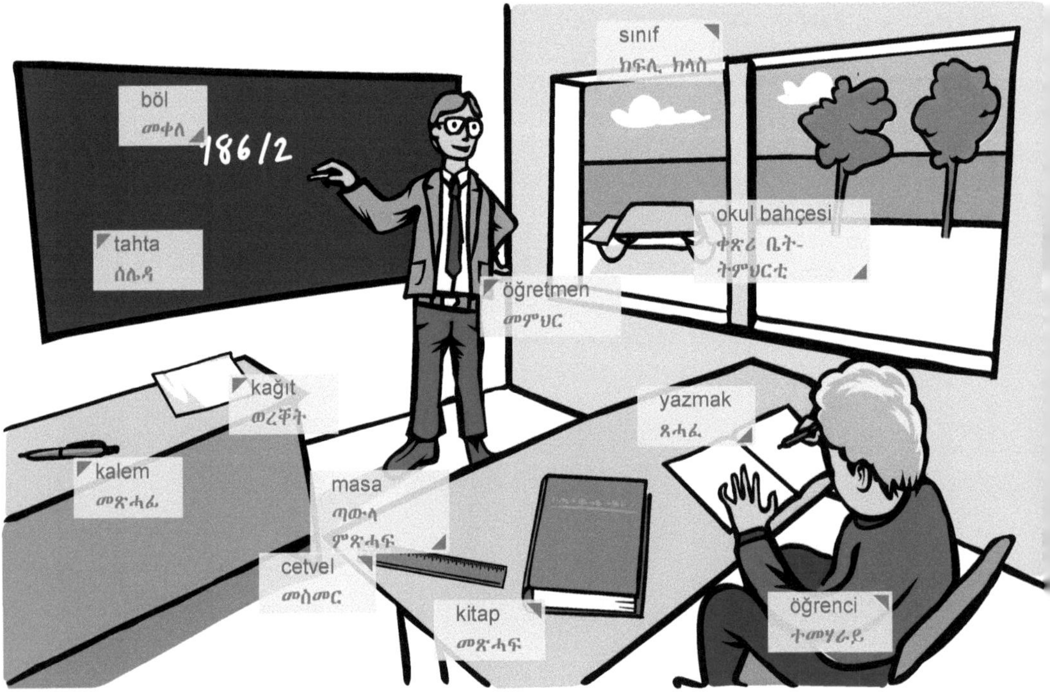

sınıf
ክፍሊ ክላስ
böl
መቀለ
186/2
tahta
ሰሌዳ
okul bahçesi
ቀጽሪ ቤት-ትምህርቲ
öğretmen
መምህር
kağıt
ወረቐት
yazmak
ጸሓፈ
kalem
መጽሓፊ
masa
ጣውላ
ምጽሓፍ
cetvel
መስመር
kitap
መጽሓፍ
öğrenci
ተመሃራይ

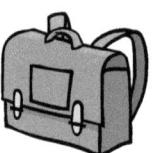

okul çantası

....

ሳንጣ ትምህርቲ

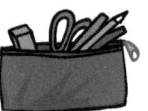

kalemlik

....

ሰፈር ብርዒ

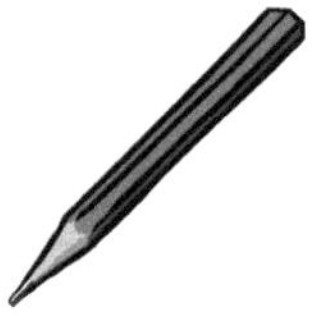

kurşun kalem

....

ርሳስ

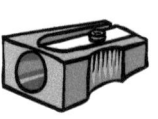

kalem açacağı

....

መብልሒ ርሳስ

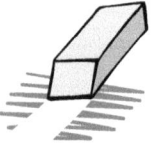

silgi

....

መደምሰሲ

çizim defteri

....

ጥራዝ ስእሊ

çizim

ስእሊ

resim fırçası

ብርዒ ቀለም

boya kutusu

ቦክስ ቀለም

makas

መቐስ

tutkal

መጣበቒ

alıştırma kitabı

ጥራዝ መላመዲ

ödev

ዕዮ ገዛ

sayı

ቁጽሪ

ekle

ወሰኽ

çıkar

ጎደለ

çarp

ረብሐ

hesapla

ደመረ

harf

ፊደል

alfabe

ስርዓት ፊደላት

kelime

ቃል

metin

ጽሑፍ

okumak

አንበበ

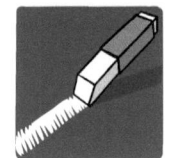

tebeşir

ኩርሽ

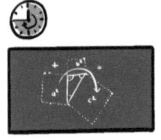

ders

ሰዓት

kayıt

መዝገብ ክላስ

sınav

መርመራ

sertifika

ሰርቲፊክት

okul forması

ድቢዛ ቤትትምህርቲ

eğitim

ትምህርቲ

ansiklopedi

ለክሲኮን

üniversite

ዩኒቨርሲቲ

mikroskop

ሚክሮስኮፕ

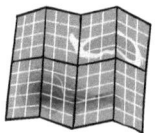

harita

ካርታ

kağıt çöp kutusu

ጎሓፍ ወረቐት

otel
መቐበሊ ኣጋይሽ
Grand
pansiyon
ሆስተል
ROOMS
döviz bürosu
ቦታ ቅያር ገንዘብ
bavul
ባሊጃ
otomobil
መኪና

dil

ቋንቋ

evet / hayır

እወ / ኖ

Tamam

ሕራይ

merhaba

ሰላም

çevirmen

ኣስተርጓሚ

Teşekkür ederim

የቐንየለይ

bu ... ne kadar?

. . . ክንደይ ዋግኡ?

anlamadım

አይተረደአኹን

problem

ሽግር

İyi akşamlar!

ሰላም ምሸት!

Günaydın!

ከመይ ሓዲርካ

İyi geceler!

ሰላም ለይቲ

güle güle

ደሓን ኩን

yön

አንፈት

bagaj

ጉዓዝ

çanta

ሳንጣ

sırt çantası

ሳንጣ ሕቖ

misafir

ጋሻ

oda

ክፍሊ

uyku tulumu

ክሻ መደቐሲ

çadır

ቴንዳ

turist danışma

ሓበሬታ በጻሕቲ ሃገር

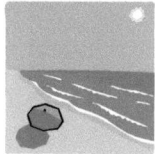

sahil

ገምገም ባሕሪ

kredi kartı

ክረዲት ካርድ

kahvaltı

ቁርሲ

öğle yemeği

ምሳሕ

akşam yemeği

ድራር

Bilet

ቲከት

asansör

ሊፍት

pul

ማሕተም ደብዳበ

sınır

ዶብ

gümrük

ድንና

elçilik

ኣምበሲ

vize

ቪዛ

pasaport

ፓስፖርት

ulaşım

መጓዓዝያ

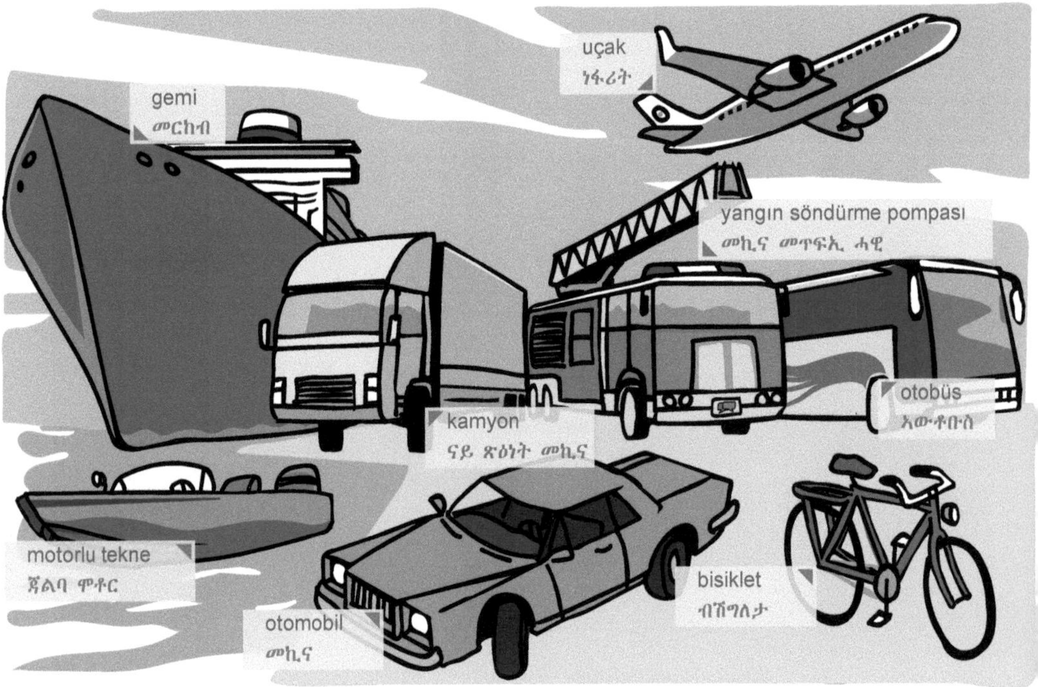
uçak
ነፋሪት
gemi
መርከብ
yangın söndürme pompası
መኪና መጥፍኢ ሓዊ
otobüs
ኣውቶቡስ
kamyon
ናይ ጽዕነት መኪና
motorlu tekne
ጃልባ ሞቶር
bisiklet
ብሽግለታ
otomobil
መኪና

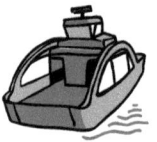

feribot

ፈሪ

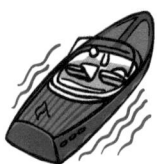

bot

ጃልባ

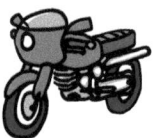

motosiklet

ሞቶ

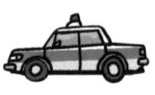

polis arabası

መኪና ፖሊስ

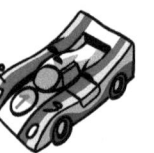

yarış arabası

መኪና ቅድድም

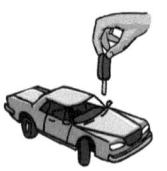

kiralık araba

ክራይ መኪና

ortak araba

ምውፋይ መካይን

çekici

መወሰዲ መኪና

çöp kamyonu

መኪና ጎሓፍ

motor

ሞቶC

yakıt

ነዳዲ

benzinlik

እንዳ ነዳዲ

trafik işareti

ምልክት ትራፊክ

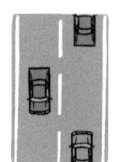

trafik

ትራፊክ

trafik sıkışıklığı

ምጭቕጫቕ ትራፊክ

otopark

መዐሸጊ መኪና

tren istasyonu

መዕረፊ ባቡር

ray

ሓዲግ

tren

ባቡር

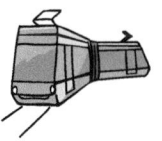

tramvay

ትረም

vagon

ባጎኒ

helikopter

ኄሊኮፕተC

havaalanı

መዓረፍ ነፈርቲ

kule

ታወC

yolcu

ተጓዓዢ

konteyner

ኮንተይነC

koli

ሳንዱቕ ካርቶን

yük arabası

ኮርሳ ጽዕነት

sepet

ዘንቢል

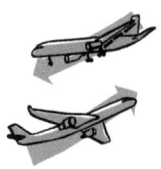

kalkış / iniş

ተበገሰ / ዓለበ

şehir

ከተማ

köy

ቀ\ሸት

şehir merkezi

ማእከል ከተማ

ev

ገዛ

sinema
ሲነማ

reklam
ረክላም

sokak lambası
መብራህቲ ጎደና

CINEMA

sokak
ጽርግያ

taksi
ታክሲ

büfe
ባንኩ

yaya yolu
እግረኛ

kaldırım
መንገዲ አጋር

çöp kutusu
ሰፌር ጎሓፍ

kavşak
መራኸቢ

yaya geçidi
ምልክት ዘብራ

trafik ışığı
ሲማፎር

kulübe
አጉዶ

apartman dairesi
አፓርትመንት

tren istasyonu
መዕረፊ ባቡር

belediye binası
ቤት ምምሕዳር

müze
ቤተ መዘክር

okul
ቤት-ትምህርቲ

üniversite

ዩኒቨርሲቲ

banka

ባንክ

hastane

ሆስፒታል

otel

መቆበሊ አጋይሽ

eczane

ቤት መድሃኒት

ofis

ቤት ጽሕፈት

kitapçı

ዱኳን መጽሐፍቲ

mağaza

ዱኳን

çiçekçi

ዱኳን ዕንባባ

süpermarket

ሱፐርማርከት

market

ዕዳጋ

büyük mağaza

ሹቅ

balık satıcısı

ነጋዳይ ዓሳ

alışveriş merkezi

ሹቅ

liman

መርሳ

park

መዝናኛ.

bank

ባንኪ.

köprü

ድልድል

merdiven

መደያይቦ

metro

ባቡር ትሕቲ ምድሪ

tünel

ቢንቶ

otobüs durağı

መዐረፊ አውቶቡስ

bar

ቤት መስተ

restoran

ቤት-መግቢ.

posta kutusu

ሰታሪት

sokak tabelası

ታቤላ

otopark sayacı

ሰዓት ፓርኪንግ

hayvanat bahçesi

መካነ እንስሳታት

yüzme havuzu

መሓምበሲ.

cami

መስጊድ

çiftlik
ቤት ሕርሻ

kirlilik
ብከላ

mezarlık
መቃብር

kilise
ቤተክርስትያን

oyun alanı
ቦታ ምጽዋት

tapınak
ቤት መቅደስ

arazi
ስእሊ መሬት

yaprak
ቆጽሊ ልቲ

yön tabelası
መሕበሪ መገዲ

yol
መገዲ

çayır
ሽዓ

taş
እምኒ

ağaç
ኣግራብ

yürüyüşçü
ኮብላሊ

ırmak
ፈለግ

çimen
ሰዓሪ

çiçek
ዕንባባ

vadi

ስንጭሮ

tepe

ጎቦ

göl

ቀላይ

orman

ዱር

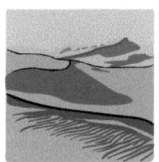

çöl

ምድረ በዳ

volkan

እሳተ-ጎመራ

kale

ግምቢ

gökkuşağı

ቀስተ-ደመና

mantar

ቃንጥሻ

palmiye

ዓርኮብኮባይ

sivrisinek

ጣንቱ

sinek

ሃመማ

karınca

ጻጻ

arı

ንህቢ

örümcek

ሳሬት

böcek

ሕንዚዝ

kurbağa

ዕንቅርዖብ

sincap

ም፰፰ላይ

kirpi

ቅንፍዝ

yabani tavşan

ማንቲለ

baykuş

ጉንን

kuş

ጭሩ

kuğu

ስዋን

yaban domuzu

መፍለስ

geyik

ዓጋዘን

geyik

ሙስ

baraj

ግድብ

rüzgar türbini

ተርባይን ንፋስ

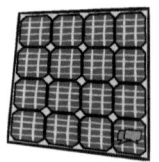

güneş paneli

ሶላር ስርሓት

iklim

ኩነታት አየር

garson
አሰላፊ

menü
ካርታ
መግብታት

sandalye
መንበር

çorba
መረቕ

pizza
ፒትሳ

masa örtüsü
ክዳን ጣውላ

çatal - bıçak
መመታተሪ

başlangıç
ቅድመ ቀንዲ መግቢ

ana yemek
ቀንዲ መኣዲ

tatlı
ድሕሪ መግቢ

içecekler
መስተ

yemek
መግቢ

şişe
ጥርሙዝ

fastfood

ስሉጥ መግቢ

sokak yemeği

መግቢ ጽርግያ

çaydanlık

ብርጭቆ ሻሂ

şekerlik

ታኒካ ሹኮር

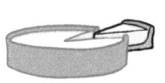

porsiyon

ክፋል

espresso makinesi

ማሺን ኤስፕረሶ

mama sandalyesi

ነዊሕ መንበር

fatura

ጻብጻብ

tepsi

ታብለት

bıçak

ካራ

çatal

ፉርከታ

kaşık

ማንካ

çay kaşığı

ማንካ ሻሂ

servis peçetesi

ሰርቪየት

bardak

ብኬሪ

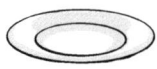

tabak

ሸሓኒ

çorba kasesi

ሸሓኒ መረቕ

fincan altlığı

ትሕቲ ኩባያ

sos

ጸብሒ

tuzluk

ወዓቢ ጨው

karabiber değirmeni

መጥሓን በርበረ

sirke

አቾቶ

yağ

ዘይቲ

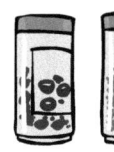

baharat

ቀመም

ketçap

ከቾፕ

hardal

አድሪ

mayonez

ማዮኔዝ

özel teklif
ወፈያ

müşteri
ዓሚል

süt ürünleri
ፍርያታት ጸባ

FOR

meyve
ፍረታት

alışveriş arabası
ሰረገላ ዱኳን

kasap	fırın	tartmak
እንዳ ስጋ	እንዳ ባኒ	ክብደት
	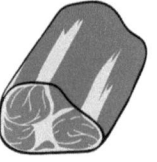	
sebze	et	donmuş gıda
ኣሕምልቲ	ስጋ	መግቢ ፍሪጅ በረድ

söğüş et

ዝሑል ቅሩብ መግቢ.

konserve yiyecek

እስታሳ

toz deterjan

አሞ

şekerlemeler

ምቁር መግቢ.

ev temizlik ürünleri

ዘቤታውያን አቍሑ

temizlik ürünleri

ናውቲ መጸረዪ

satış görevlisi

ሻቃጣይ

yazar kasa

ካሳ

kasiyer

ተሓዝ ገንዘብ

alışveriş listesi

ዝርዝር ምግዛእ

açılış saatleri

ክፉት ሰዓታት

cüzdan

ማሕፉዳ

kredi kartı

ክረዲት ካርድ

çanta

ሳንጣ

plastik poşet

ፌስታል

su

ማይ

meyve suyu

ጭማቆሳ

süt

ጸባ

kola

ኮላ

şarap

ነቢት

bira

ቢራ

alkol

አልኮል

kakao

ካካው

çay

ሻሂ

kahve

ቡን

espresso

ኤስፕረሶ

kapuçino

ካፖቺኖ

muz

ባናና

elma

ቱፋሕ

portakal

አራንጂ

kavun

ብርጭቆ

limon

ለሚን

havuç

ካሮት

sarımsak

ጻዕዳ ሽጉርቲ

bambu

ባምቡስ

soğan

ሽጉርቲ

mantar

ቅንጥሻ

çerez

ፉል

makarna

ፓስታ

spagetti

ስፓገቲ

pirinç

ሩዝ

salata

ሰላጣ

cips

ቅልዋ ድንሽ

patates kızartması

ቅሉው ድንሽ

pizza

ፒትሳ

hamburger

ሃምቡርገር

sandviç

ፓኒኖ

şinitzel

ቢስተካ

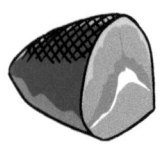

pastırma

ስለፍ ሓሰማ

salam

ሳላሚ

sosis

ግዕዝም

tavuk

ደርሆ

rosto

ቀለወ

balık

ዓሳ

yulaf ezmesi

ገዓት

müsli

ሙስሊ

mısır gevreği

ኮርንፍለይክስ

un

ሐርጭ

kruvasan

ክሮሶን

küçük ekmek

ባኒ

ekmek

ባኒ

tost

ቶስት

bisküvi

ብሽኩቲ

tereyağı

ጠስሚ

kaymak

ርጎኦ

kek

ፓስተ

yumurta

እንቋቍሐ

sahanda yumurta

ቅሉው እንቋቍሐ

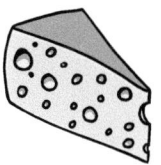

peynir

ፋርማጆ

dondurma

አይስ ክሪም

şeker

ሽኮር

bal

መዓር

reçel

ጄም

findık ezmesi

ኑጋት-ክሬም

köri

ኩሪ

çiftlik

ቤት ሕርሻ

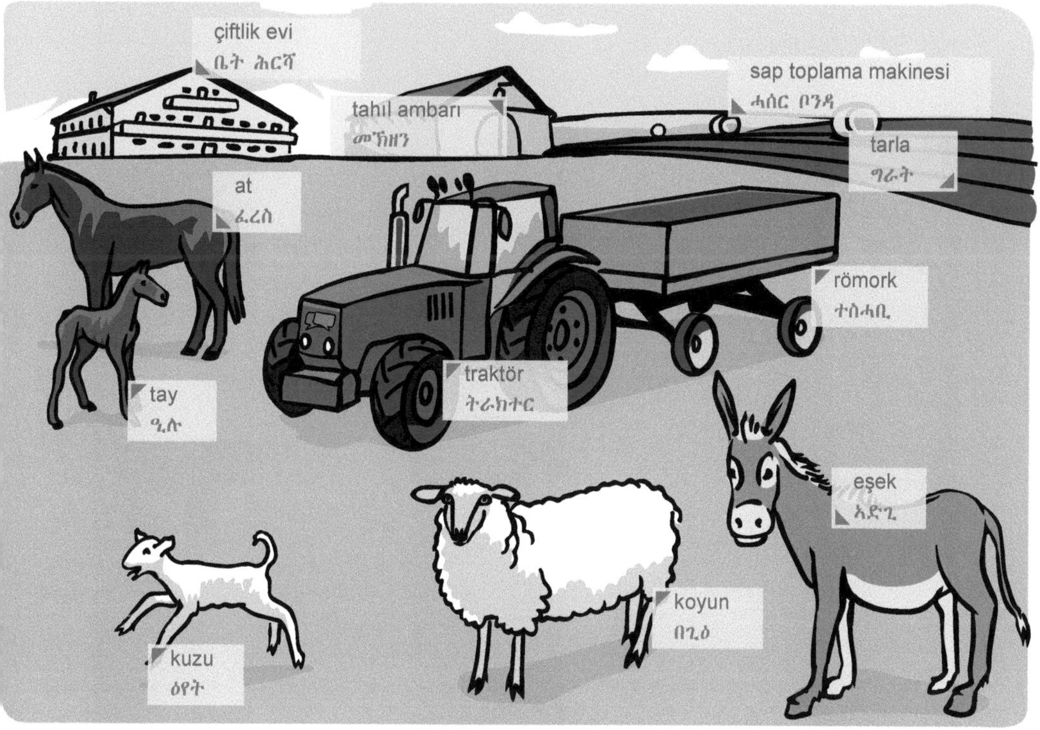

çiftlik evi
ቤት ሕርሻ
tahıl ambarı
መኽዘን
sap toplama makinesi
ሓሰር ቦንዳ
tarla
ግራት
at
ፈረስ
römork
ተስሓቢ
traktör
ትራክተር
tay
ዒሉ
eşek
ኣድጊ
koyun
በጊዕ
kuzu
ዕየት

keçi

ጤል

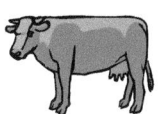

inek

ብዕራይ

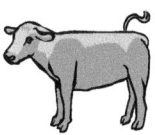

buzağı

ምራኽ

domuz

ሓሰማ

domuz yavrusu

ውላድ ሓሰማ

boğa

ኣርሓ

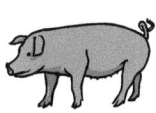

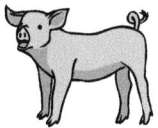

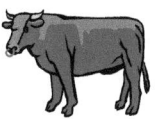

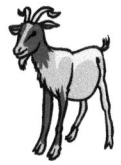

kaz

ዓሳ

ördek

ማይ ደርሆ

civciv

ጫቁላት

tavuk

ደርሆ

horoz

አርሓ ደርሆ

sıçan

አንጨዋ ዓባይ

kedi

ድሙ

fare

አንጭዋ

öküz

ብዕራይ

köpek

ከልቢ

köpek kulübesi

አጎዶ ከልቢ

bahçe hortumu

ቱባ ጆርዲን

sulama kabı

መዝፈፈ ማይ

tırpan

ንቢ ማዕጺድ

pulluk

ማሕረሻ

orak

ማዕጺድ

çapa

ጭጓር

dirgen

መስአ

balta

ፋስ

el arabası

ዓረብያ ኢድ

yemlik

ጋብላ

süt kovası

ብርጭቆ ጸባ

çuval

ከሻ

çit

ሓጹር

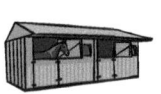

ahır

መንሰስ

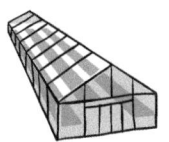

sera

ቆጠልያ ገዛ

toprak

ባይታ

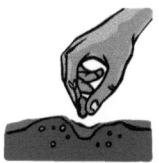

tohum

ዘርኢ

gübre

ድኹዒ

biçerdöver

ዘጣምር ቀውዓይ

hasat etmek

ቀውስ

harman

ጻጣ

tatlı patates

ድንሽ ያም

buğday

ስርናይ

soya

ሶያ

patates

ድንሽ

mısır

ዕፉን

kolza

ራፕስ

meyve ağacı

ገረብ ፍረታት

manyok

ማኒኦክ

hububat

ኣእኻል

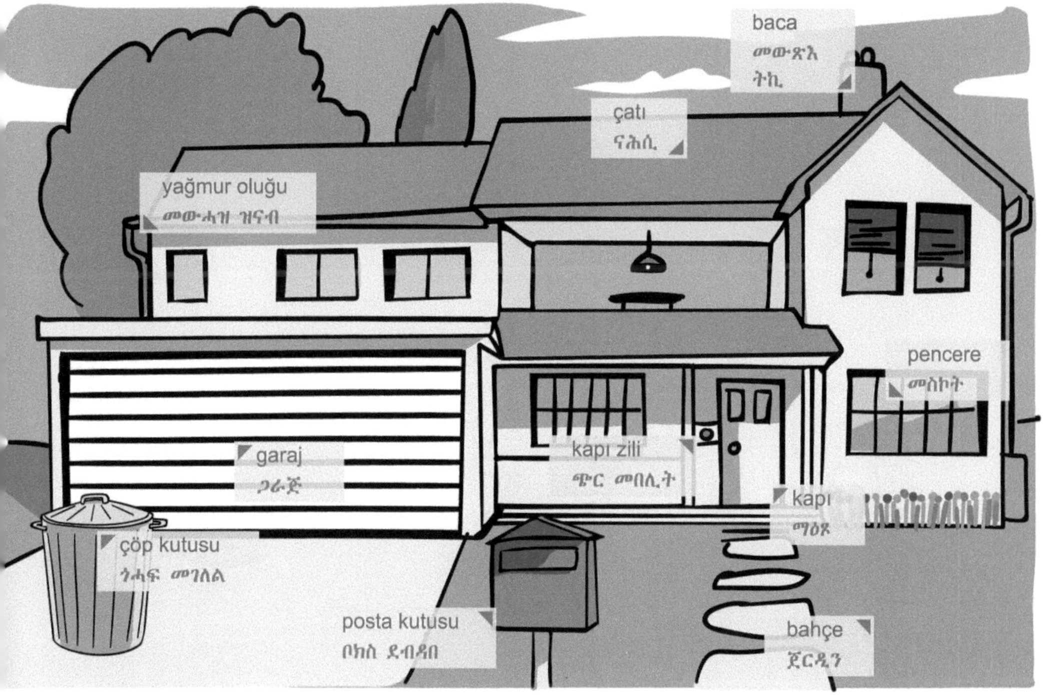

baca
መውጽእ
ትኪ

çatı
ናሕሲ

yağmur oluğu
መውሓዝ ዝናብ

pencere
መስኮት

garaj
ጋራጅ

kapı zili
ጭር መበሊ.ት

kapı
ማዕጾ

çöp kutusu
ጎሓፍ መገለል

posta kutusu
ቦክስ ደብዳበ

bahçe
ጀርዲን

oturma odası
ክፍሊ ምቕማጥ

banyo
ክፍሊ ባንዮ

mutfak
ክሽን

yatak odası
ክፍሊ መደቀሲ

çocuk odası
ክፍሊ ቆልዑ

yemek odası
መመገቢ ክፍሊ

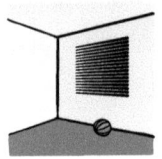

zemin

ባይታ

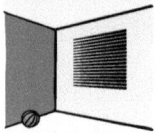

duvar

መንደቅ

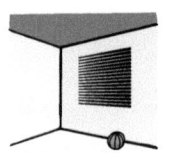

tavan

ከቦርታ

kiler

ካንቲና

sauna

ሳውና

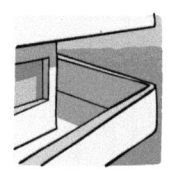

balkon

ባልኮን

teras

ዛላ

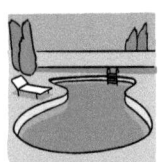

havuz

መሕምበሲ

çim biçme makinesi

መቝረጺ ሳዕሪ

çarşaf

አንሶላ ዓራት

yatak örtüsü

ከቦርታ ዓራት

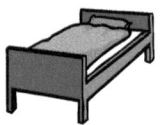

yatak

ዓራት

süpürge

መኾስተር

kova

መግለል

anahtar

መወልዒት

oturma odası

ክፍሊ ምቕማጥ

duvar kağıdı
ወረቐት መንደቕ
resim
ስእሊ
lamba
ላም
raf
ክብሒ
dolap
ክብሒ
televizyon
ተለቪዥን
şömine
መውጽኢ ትኪ ኣብ ገዛ
çiçek
ዕንባባ
minder
መተርኣስ
kanepe
ሳሎን
vazo
ባዞ
uzaktan kumanda
ሪሞት

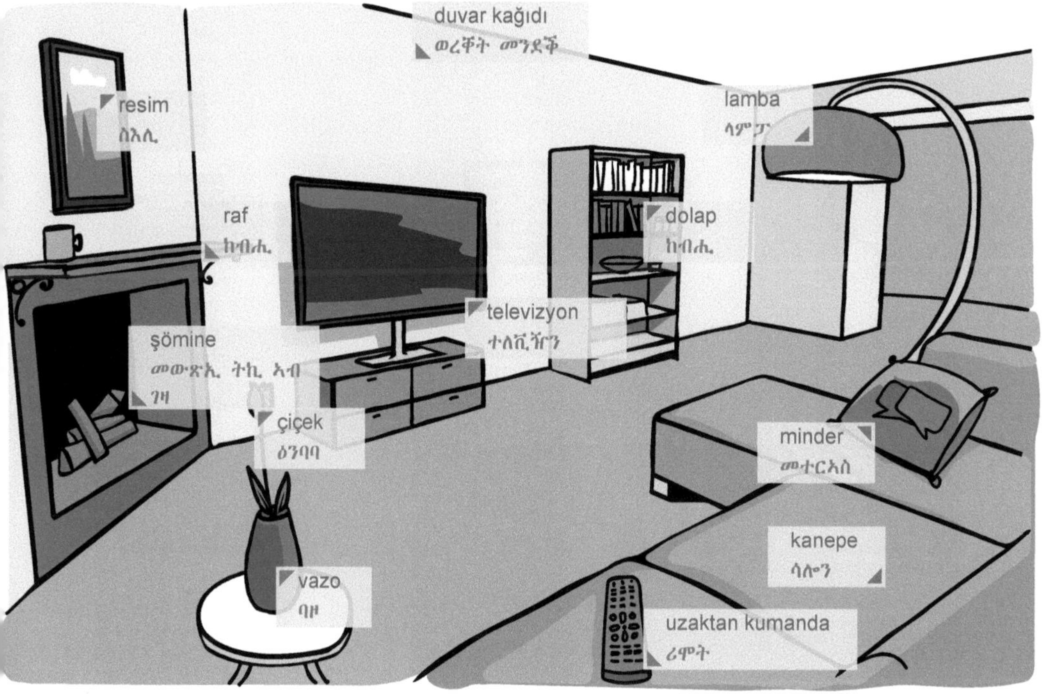

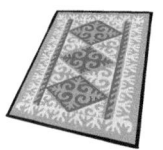

halı

መንጸፍ

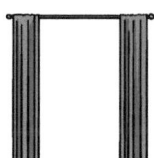

perde

መጋረጃ

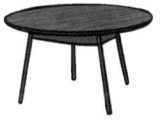

masa

ጣውላ

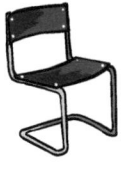

sandalye

መንበር

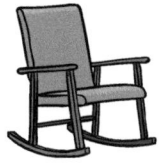

salıncaklı koltuk

ሰለል ዝብል መንበር

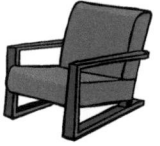

koltuk

መንበር ምቹእ

kitap

መጽሓፍ

battaniye

ከቦርታ

dekor

ስልማት

odun

እንጨይቲ ሓዊ

film

ፊልም

hi-fi

ስተረዮ

anahtar

መፍትሕ

gazete

ጋዜጣ

tablo

ቅብኣ

poster

ፖስተር

radyo

ሬድዮ

defter

ጥራዝ

elektrikli süpürge

መልገሲ. ደሮና

kaktüs

በለስ

mum

ሽምዓ

mutfak

ክሽነ

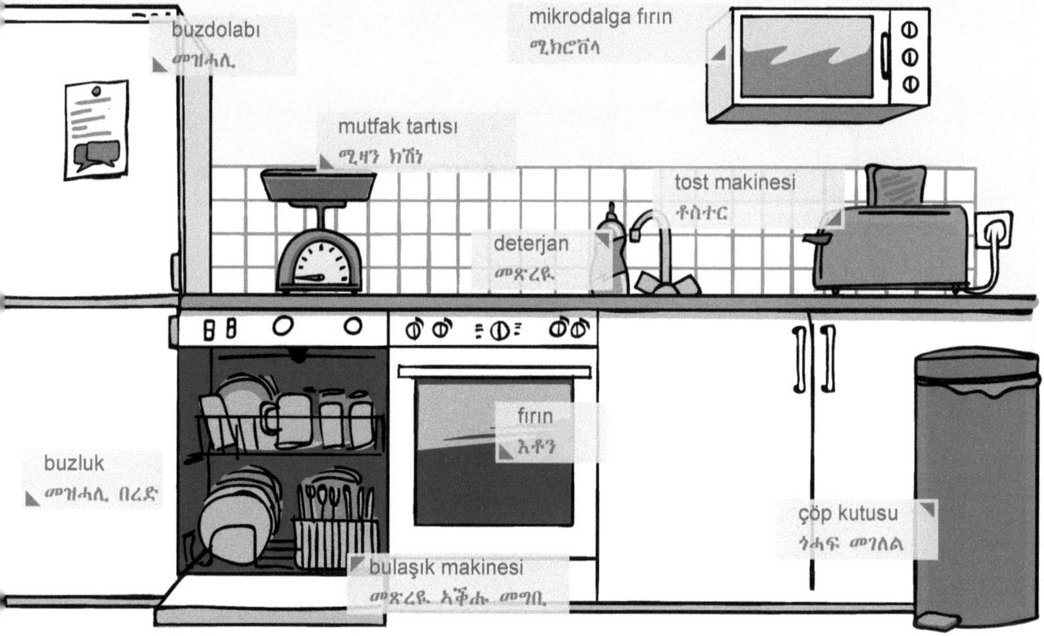

buzdolabı
መዝሓሊ
mikrodalga fırın
ሚክሮቨላ
mutfak tartısı
ሚዛን ክሽነ
tost makinesi
ቶስተር
deterjan
መጽረዪ
fırın
እቶን
buzluk
መዝሓሊ በረድ
çöp kutusu
ጎሓፍ መገለል
bulaşık makinesi
መጽረዪ ኣቕሑ መግቢ

ocak

መኽሸኒ

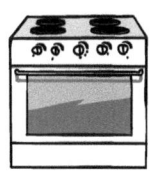

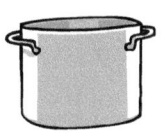

tencere

ድስቲ

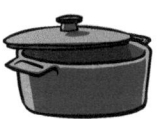

döküm tencere

ድስቲ ሓጺን

wok

ቮክ/ካዳይ

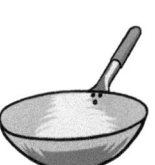

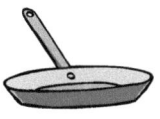

tava

ባደላ

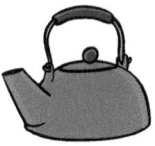

su ısıtıcı

መውዓዪ ማይ

buharlı pişirici

መፍልሒ

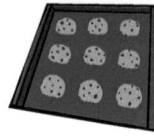

pişirme tepsisi

ጎንቴራ ምስንካት

tabak takımı

አቅሑ መግቢ

kupa

ብርጭቆ

kase

ጭሓሎ

çubuk (çin yemeği)

ማንካቺና

kepçe

ማንካ መረቅ

spatula

መገልበጢ ባደላ

çırpma teli

መኹስተር ውርጪ

süzgeç

መንፊት መግቢ

elek

መንፊት

rende

መፋሕፍሒ

havan

ሞርታር

barbekü

ባርቢክዩ

açık ateş

ስፍራ ሓዊ

kesme tahtası

እንጨይቲ ምምታር

merdane

እንጨይቲ ኩረር

tirbüşon

መኽፈት ቡሽ

konserve kutusu

ታኒካ

konserve açacağı

መኽፈቲ ታኒካ

fırın eldiveni

ጨርቂ ድስቲ

evye

ቡምባ

fırça

ኣስባስላ

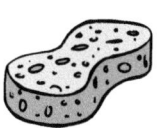

sünger

ሰፍነግ

blender

ሓዋሲ ኣደባላቒ

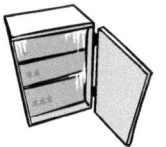

derin dondurucu

መዝሓሊ በረድ

biberon

ጥርሙዝ ማማይ

musluk

ቡምባ ማይ

ısıtma / መዉዓይ

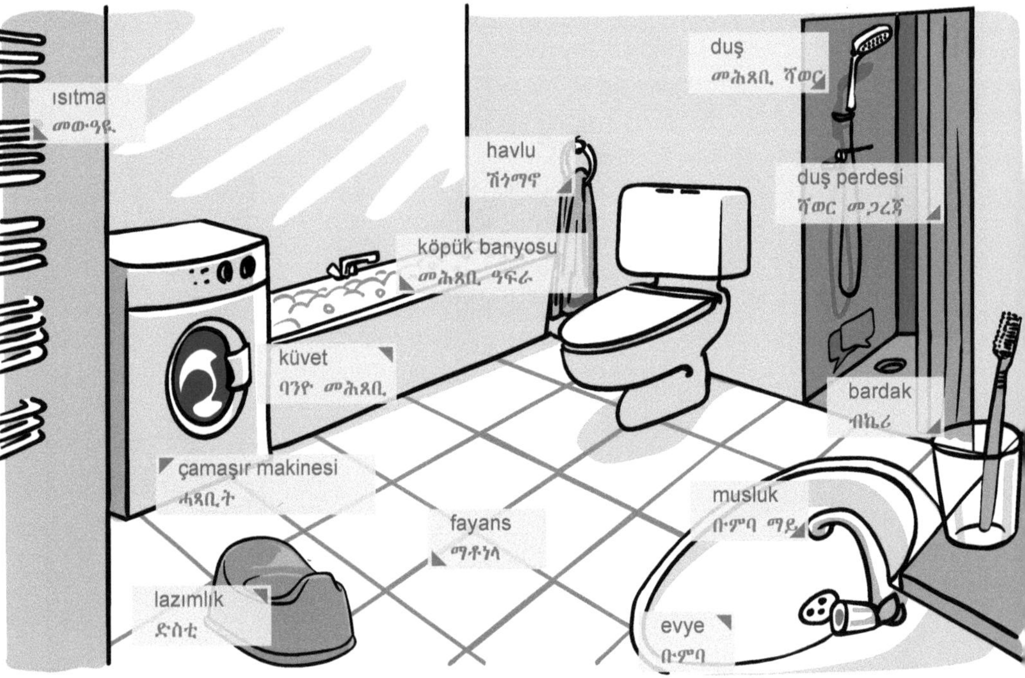

duş / መሕጸቢ ሻወር

havlu / ሽጎማኖ

duş perdesi / ሻወር መጋረጃ

köpük banyosu / መሕጸቢ ዓፍራ

küvet / ባንዮ መሕጸቢ

bardak / ብኬሪ

çamaşır makinesi / ሐጸቢት

musluk / ቡምባ ማይ

fayans / ማቶነላ

lazımlık / ድስቲ

evye / ቡምባ

tuvalet	alaturka tuvalet	bide
ሽቻቅ	ሽቻቅ ኮፍ	በዱ

pisuvar	tuvalet kağıdı	tuvalet fırçası
ሽቻቅ ተባዕታይ	ወረቐት ሽቻቅ	አስባስላ ሽቻቅ

diş fırçası

አስባስላ ስኒ

diş macunu

ክሬም ስኒ

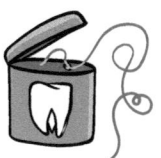

diş ipi

ሃሪ ስኒ

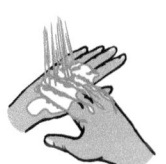

yıkamak

ሓጸብ

duş başlığı

ዱሽ ኢድ

duş başlığı şeklinde taharet musluğu

ዱሽ

küvet

ብርጭቆ ምሕጻብ

banyo fırçası

አስባስላ ሕጅ

sabun

ሳምና

duş jeli

ሻወር ጀል

şampuan

ሻምፑ

banyo lifi

ጨርቂ መሕጸቢ

gider

መውሓዚ

krem

ክሬም

deodorant

ደዮ ጨና

ayna

መስትያት

el aynası

ናይ ኢድ መስትያት

jilet

መላጸ

tıraş köpüğü

ዓፍራ ምልጸይ

tıraş losyonu

ጨና ድሕሪ ምልጸይ

tarak

መመሸጥ

fırça

አስባስላ

saç kurutma makinesi

መንቐዲ ጸግሪ

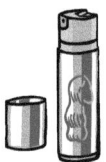

saç spreyi

ስፕረይ ጸግሪ

makyaj

መመላኽዒ

ruj

ብርዒ ቀለም ከንፈር

tırnak cilası

አዝማልቶ

pamuk

ጸምሪ ጡጥ

tırnak makası

መስደዱ ጽፍሪ

parfüm

ጨና

makyaj çantası

ሳንጣ መሕጸቢ.

tabure

ድኳ

tartı

ሚዛን

bornoz

ክዳን መሕጸቢ.

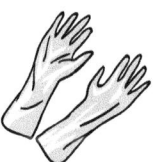

lastik eldiven

ጎንቲ መጸረዪ.

tampon

ታምፓን

kadın pedi

ጨርቂ ሰበይቲ

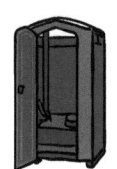

kimyevi tuvalet

ሽቓቕ ከሚስትሪ

çalar saat
አላርም መተስኢ

peluş oyuncak
መጻወቲ እንስሳ

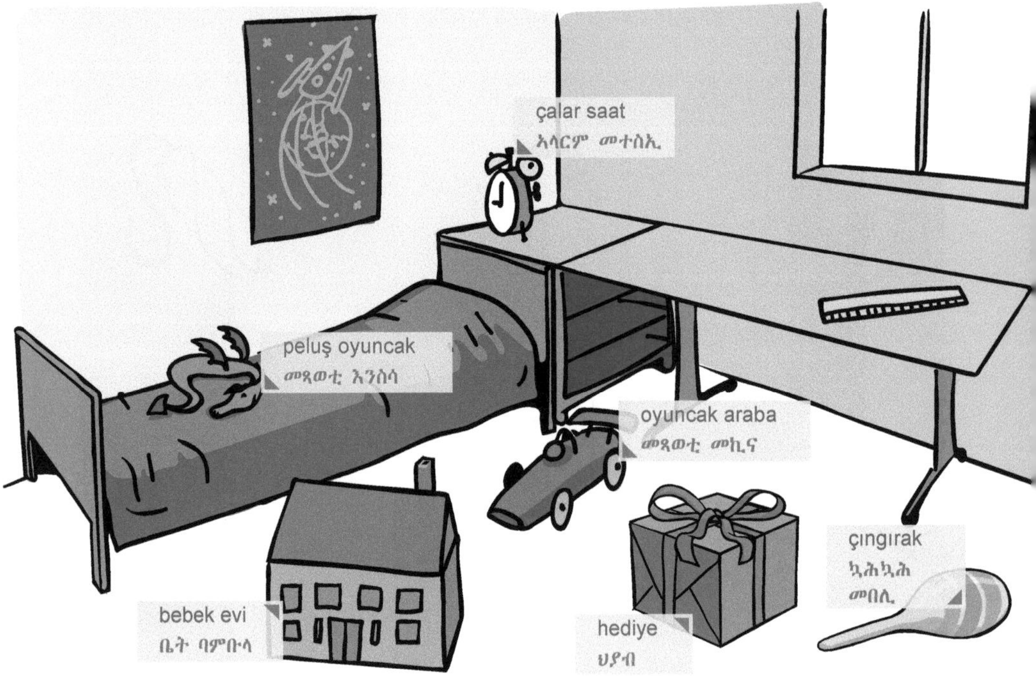

oyuncak araba
መጻወቲ መኪና

çıngırak
ኪሕኪሕ መበሊ

bebek evi
ቤት ባምቡላ

hediye
ህያብ

	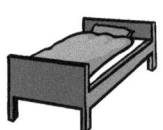	
balon	yatak	bebek arabası
ባላንችና	ዓራት	ሰረገላ ህጻን

kart destesi	yapboz	çizgi roman
ጸወታ ካርታ	ሕንቅልሒተይ	ኮሜዲ

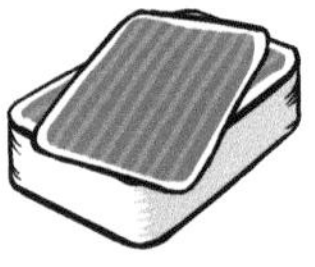

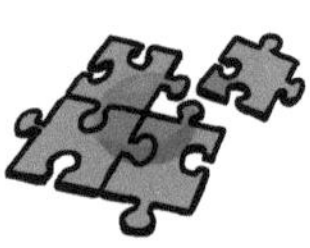

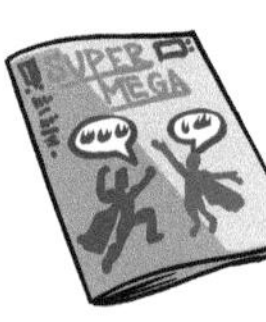

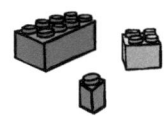

lego tuğlaları

እምንታት መጻወቲ ለጎ

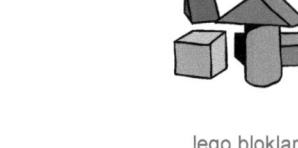

lego blokları

መጻወቲ እምንታት

aksiyon figürü

በዓል አክቶን

zıbın

ክዳን ማማይ

frizbi

ፍሪስቢ

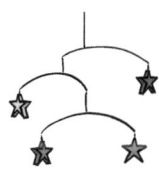

dönence

ሞባይል ማማይ

masa oyunu

ጸወታ ሰሌዳ

zar

ኩብ

model tren seti

ሞደል ባቡር ምድሪ

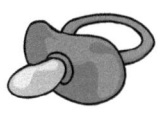

emzik

ዓባስ

parti

ፓርቲ

resimli kitap

መጽሓፍ ስእሊ

top

ኩዕሶ

oyuncak bebek

ባምቡላ

oynamak

ተጻወተ

kum havuzu

መጻወቲ ሑጻ

salıncak

ሰላል

oyuncaklar

መጻወቲታት

video oyun konsolu

ኮንሶል ቪድዮ

üç tekerlekli bisiklet

መጻወቲ ሰለስተ መንኮርኮር

oyuncak ayı

ተዲ

gardırop

ከብሒ. ክዳን

kıyafet

ክዳን

çorap

ካልስታት

külotlu çorap

ነዊሕ ካልስታት

tayt

ስረ ካልሲ.

eşarp
ሻርባ

şemsiye
ጽላል

kemer
ቁልፊ

tişört
ማልያ

spor ayakkabı
ስኒከርስ

bot
ረፋዕ

terlik
ጫማ ገዝ

sandalet	ayakkabı	lastik çizme
ሸበጥ	ጫማ	ረፋዕ ጎማ

külot	sütyen	yelek
ሙታንታ	ክዳን ጡብ	ትሕተ ካሚቻ

kıyafet - ክዳን 45

dar bluz

ቦዲ

pantolon

ስረ

kot pantolon

ጂንስ

etek

ቀምሽ

bluz

ካምቻ

gömlek

ካሚቻ

kazak

ጉልፎ

süveter

ጎልፎ

blazer

ጃኬት

ceket

ጃከት

mont

ጆባ

yağmurluk

ክዳን ዝናብ

kostüm

ኮስቱም

elbise

ቀምሽ

gelinlik

ቀምሽ መርዓ

takım elbise

ልብሲ.

gecelik

ካሚቻ ለይቲ

pijama

ክዳን ለይቲ

sari

ሳሪ

baş örtüsü

መሃረብ ርእሲ.

türban

ቱርባን

burka

ቡርካ

kaftan

ካፍታን

çarşaf

አባያ

mayo

ክዳን መሕምበሲ.

erkek mayosu

ስረ መሕምበሲ.

şort

ሓጺር ስረ

eşofman

ክዳን ታዕሊም

önlük

በጃ ክዳን

eldiven

ጓንቲ

düğme

መልጎም

gözlük

መነጽር

bilezik

በንናጅር

kolye

ማዕተብ

yüzük

ቀለበት

küpe

ኩትሻ

kep

ቆብዕ

portmanto

መንበሪ ጁባ

şapka

ባርኔጣ

kravat

ካርራባት

fermuar

ሻርነጣ

kask

ሀልመት

pantolon askısı

መድልደል ስረ

okul forması

ድቢዛ ቤትትምህርቲ

üniforma

ድቢዛ

kıyafet - ክዳን

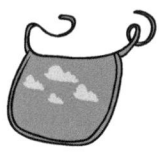

mama önlüğü

ሰደርያ ቆልዓ

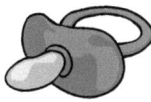

emzik

ዓባስ

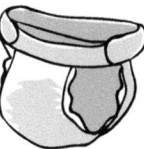

bebek bezi

ጨርቂ ማማይ

ofis

ቤት ጽሕፈት

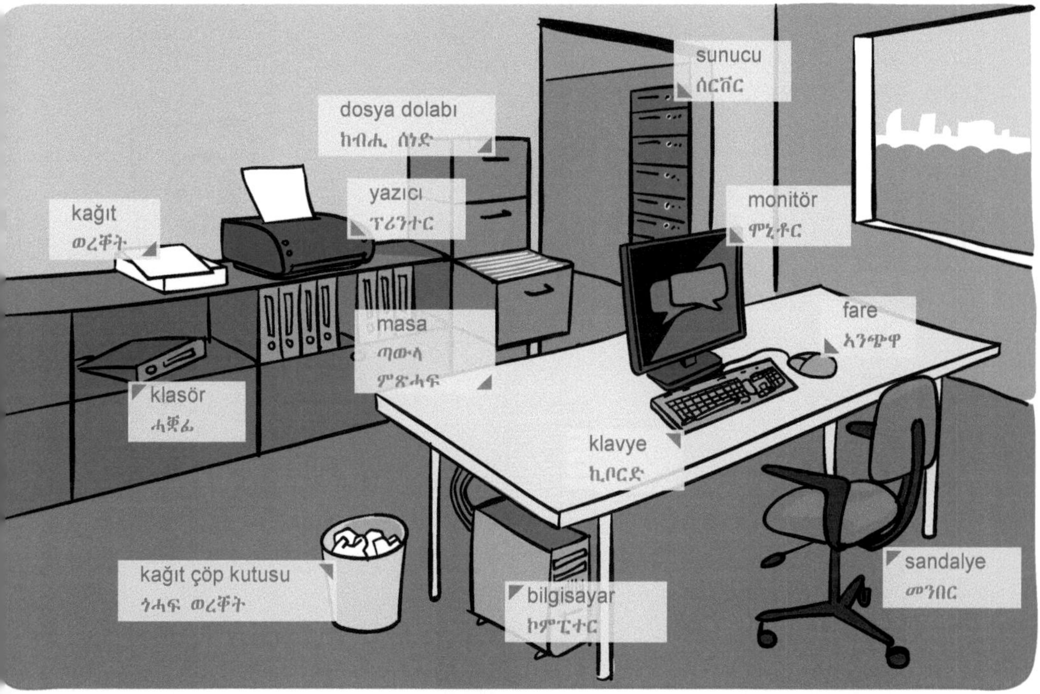
sunucu
ሰርቨር
dosya dolabı
ከብሒ ሰነድ
kağıt
ወረቐት
yazıcı
ፕሪንተር
monitör
ሞኒተር
fare
ኣንጭዋ
masa
ጣውላ
ምጽሓፍ
klasör
ሓቘፊ
klavye
ኪቦርድ
kağıt çöp kutusu
ጎሓፍ ወረቐት
bilgisayar
ኮምፒተር
sandalye
መንበር

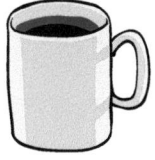

kahve fincanı

ብርጭቆ ቡን

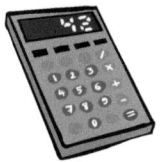

hesap makinesi

ካልኩለተር

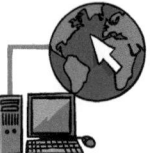

internet

ኢንተርነት

dizüstü

ለፕቶፕ

mektup

ደብዳበ

mesaj

መልእኽቲ

cep telefonu

ሞባይል

ağ

ነትወርክ/መርበብ

fotokopi makinesi

መቅድሒ ፎቶኮፒ

yazılım

ሶፍትዌር

telefon

ተለፎን

priz

ሶከት ኣረንቲ

faks makinesi

ፋክስ

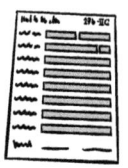

form

ፎርም

belge

ሰነድ

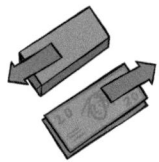

satın almak

ገዝአ

ödemek

ከፈለ

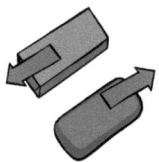

ticaret yapmak

ንግዲ

para

ገንዘብ

dolar

ዶላር

avro

አይሮ

yen

የን

ruble

ሩብል

İsviçre frangı

ስዊዝ ፍራንከን

Çin yuanı

ረንሚንቢ. ዩዋን

rupi

ሩፒየ

kasa

መውጽኢ. ማሺን ገንዘብ

döviz bürosu

በታ ቅያር ገንዘብ

altın

ወርቂ

gümüş

ብሩር

petrol

ዘይቲ

enerji

ሓይሊ

fiyat

ዋጋ

kontrat

ውዕል

vergi

ቀረጽ

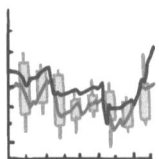

menkul değer

እኩብ ጥረ-ነገራት

çalışmak

ሰርሐ

işveren

ሰራሕተኛ

işçi

ኣስራሒ

fabrika

ትካል

mağaza

ዱኳን

meslekler

ሞያታት

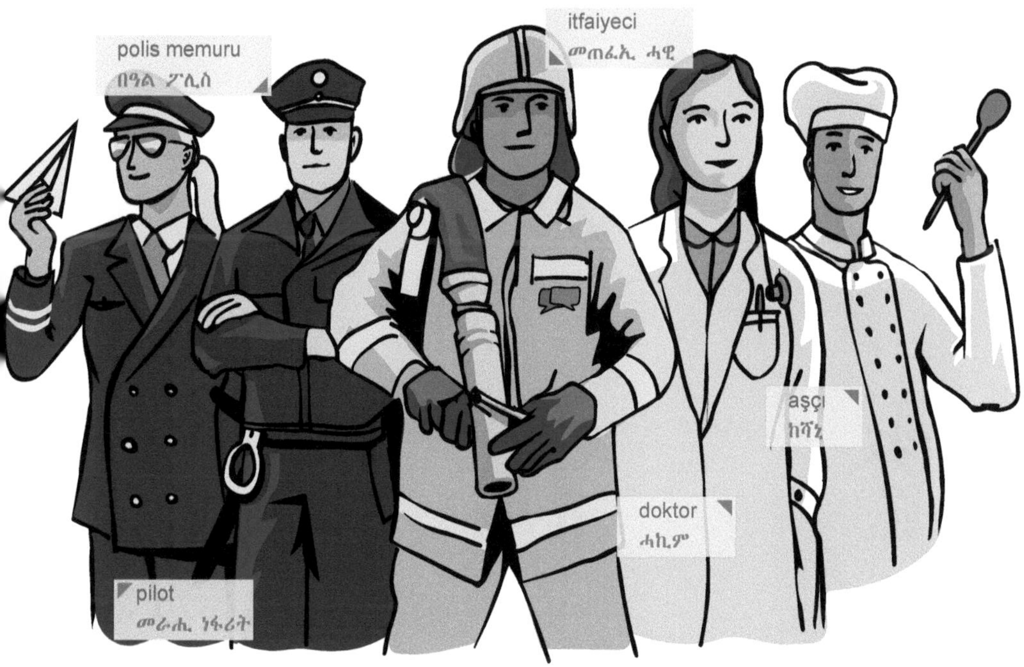

polis memuru
በዓል ፖሊስ
itfaiyeci
መጠፊኢ ሓዊ
aşçı
ከሻኒ
doktor
ሓኪም
pilot
መራሒ ነፋሪት

bahçıvan

ሰራሕተኛ ጀርዲን

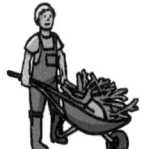

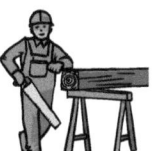

marangoz

ጸራቢ ዕንጸይቲ

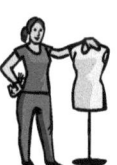

terzi

ሰፋይት

hakim

ፈራዳይ

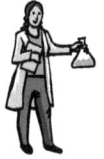

kimyager

ቀማሚ

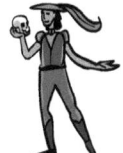

aktör

ተዋሳኢ

otobüs şoförü

መራሒ ኣዉቶቡስ

taksi şoförü

ኣውቲስታ ታክሲ

balıkçı

ገፋፊ ዓሳ

temizlikçi

ጸራጊት

çatı ustası

ሃናጻይ ናሕሲ

garson

ኣሰላፊ

avcı

ሃዳናይ

boyacı

ሰኣላይ

fırıncı

እንዳ ሕብስቲ

elektrikçi

ኤለትሪከኛ

inşaatçı

ሃናጺ ኣባይቲ

mühendis

ሃንዳሲ

kasap

ሰራሕተኛ እንዳ ስጋ

muslukçu

ድራብሊኮ

postacı

ኣማላሳሲ ፖስጣ

asker

ወተሃደር

mimar

መሃንድስ

kasiyer

ተሓዝ ገንዘብ

çiçekçi

ሰራሕተኛ ዕምባባ

kuaför

ቀምቃማይ

kondüktör

ፈተሪኖ

tamirci

መካኒክ

kaptan

መራሒ መርከብ

dişçi

ሓኪም ስኒ

bilim insanı

ተመራማሪ

haham

ራቢ

imam

ኢማም

keşiş

ፈላሲ

rahip

ቀሺ

aletler

ናውቲ

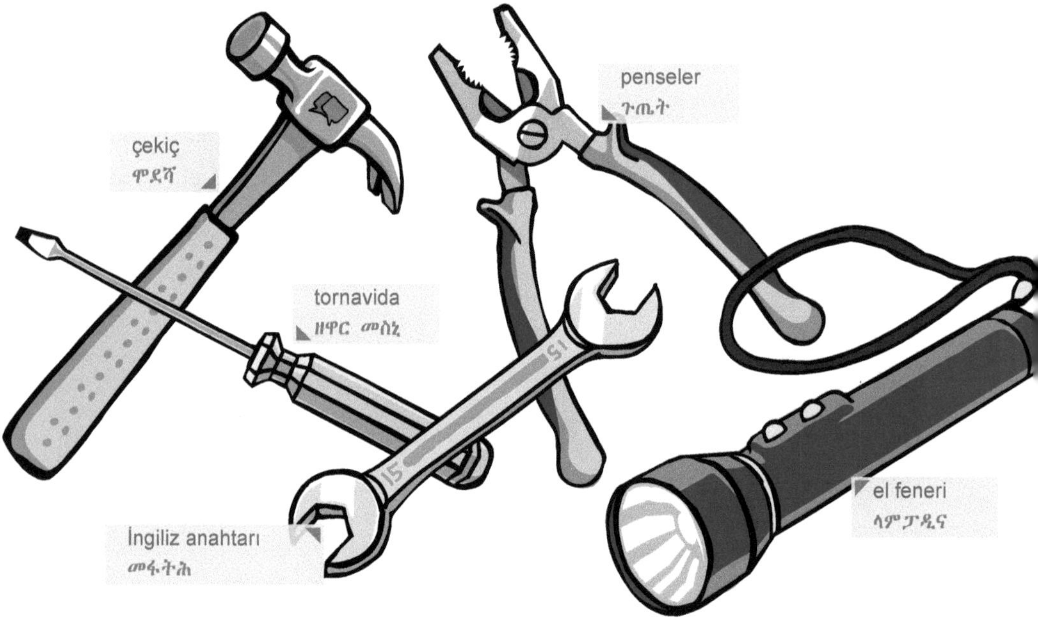

çekiç
ሞደሻ
penseler
ጉጤት
tornavida
ዘዋር መስኒ
İngiliz anahtarı
መፋትሕ
el feneri
ላምፓዲና

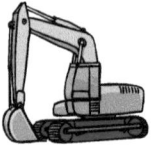

kazı makinesi

ፈሓሪ

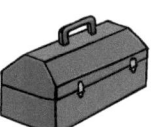

alet çantası

ናውቲ ቦክስ

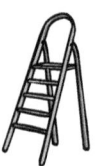

merdiven

መደያይቦ

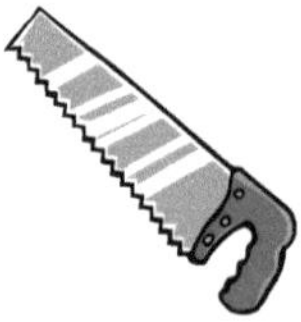

testere

መጋዝ

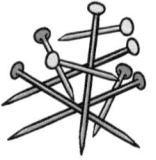

çiviler

መስማር

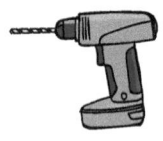

matkap

ኩዓቲ

tamir etmek

ምዕራይ

kürek

ባደላ

Kahretsin!

አይ!

faraş

መትሓዚ ዶርና

boya tenekesi

ድስቲ ቀለም

vidalar

ካቻቢተ

müzik enstrümanı

መሳርሒ ሙዚቃ

hoparlör
እስፒከር

bateri seti
ከበሮታት

gitar
ጊታር

kontrbas
ረጉድ ዓባይ
ጊታር

trompet
ትሮምፔት

piyano

ፒያኖ

keman

ቫዮሊን

basgitar

ባስ ጊታር

timpani

ቲምንኢ.

bateri

ከበሮ

klavye

ኦርጋን

saksafon

ሳክሶፎን

flüt

ሻምብቆ

mikrofon

ሚክሮፎን

hayvanat bahçesi

መካነ እንስሳታት

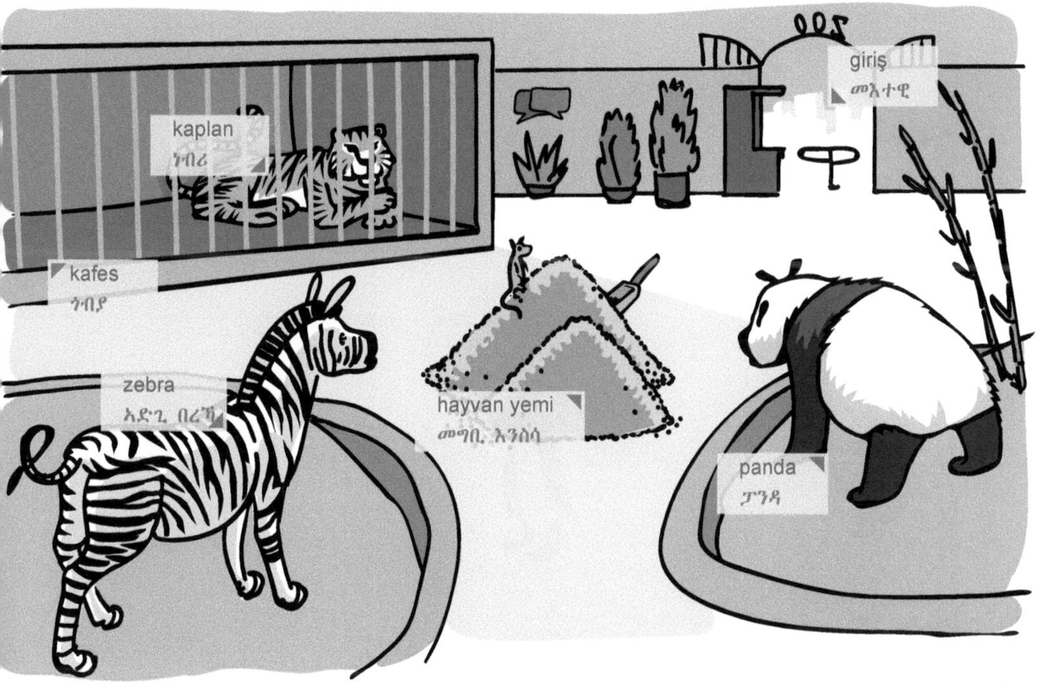

kaplan
ነብሪ
giriş
መእተዊ
kafes
ጎብያ
zebra
ኣድጊ በረኻ
hayvan yemi
መግቢ እንስሳ
panda
ፓንዳ

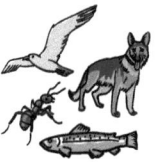

hayvanlar

እንስሳታት

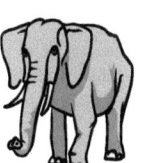

fil

ሓርማዝ

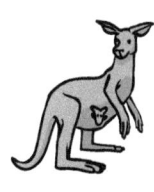

kanguru

ካንጋሩ

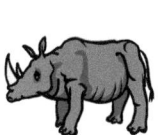

gergedan

ሓሪሽ

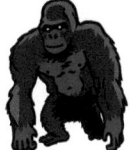

goril

ጉሪላ

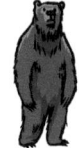

ayı

ድቢ

deve

ገመል

deve kuşu

ሰጎን

aslan

አንበሳ

maymun

ህበይ

flamingo

ፍላሚንጎ

papağan

ሕንጸይ

kutup ayısı

ድቢ በረድ

penguen

ፐንጉን

köpek balığı

ከልቢ ዓሳ

tavus kuşu

ጣውስ

yılan

ተመን

timsah

ሓርገጽ

hayvanat bahçesi görevlisi

ሓላዊ ቤት ገርድሽ

fok

ዓሳ ዚምገብ እንስሳ ባሕሪ

jaguar

ጃጓር

midilli atı

ሓጺር ፈረስ

leopar

ነብሪ

su aygırı

ጉማረ

zürafa

ጀራፍ

kartal

ሊላ

yaban domuzu

መፍለስ

balık

ዓሳ

kaplumbağa

ጎብየ

mors

ዋልሩስ

tilki

ወኻርያ

ceylan

ሰስሓ

amerikan futbolu
ናይ አሜሪካ ኩዕሶ እግሪ

bisiklete binme
ምዝዋር ብሽግለታ

tenis
ተኒስ

basketbol
ባስከትባል

yüzme
ምሕምባስ

boks
ቦክሲንግ

buz hokeyi
ሆኪ በረድ

futbol
ኩዕሶ እግሪ

badminton
ባድሚንቶን

atletizm
እስፖርታዊ ንጥፈታት

hentbol
ኩዕሶ ኢድ

kayak
ስኪ

polo
ፖሎ

gülmek
ሰሓቐ

atlamak
ነጠረ

sarılmak
ሓቖፈ

yürümek
ከደ

söylemek
ደረፈ

hayal etmek
ሓለመ

dua etmek
ጸለየ

öpmek
ሰዓመ

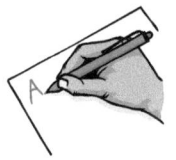

yazmak

ጻሓፈ

çizmek

ሰኣለ

göstermek

ኣርኣየ

itmek

ደፍአ

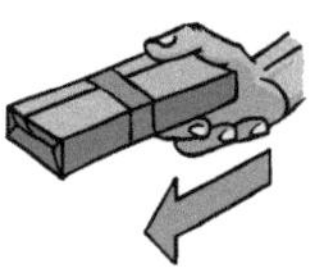

vermek

ሃበ

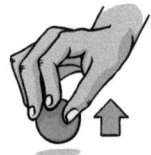

almak

ወሰደ

sahip olmak

አለው

yapmak

ገበረ

olmak

ኮነ

ayakta durmak

ጠጠው በለ

koşmak

ጎየየ

çekmek

ሰሓበ

atmak

ሰንደወ

düşmek

ወደቐ

yalan söylemek

ሓሰወ

beklemek

ተጸበየ

taşımak

ሰከም

oturmak

ኮፍ በለ

giyinmek

ተኸድነ

uyumak

ደቀሰ

uyanmak

ተሰአ

bakmak

ረአየ

ağlamak

በኸየ

vurmak

ብአጸብዑ ደረዘ

taramak

መሸጠ

konuşmak

ተዛረበ

anlamak

ተረድአ

sormak

ሓተተ

dinlemek

ሰምዐ

içmek

ሰተየ

yemek

በልዐ

düzenlemek

አቐመጠ

sevmek

አፍቀረ

pişirmek

ከሽነ

sürmek

ዘወረ

uçmak

ነፈረ

denize açılmak

ብመርከብ ገየሸ

hesapla

ደመረ

okumak

አንበበ

öğrenmek

ተመሃረ

çalışmak

ሰርሐ

evlenmek

መርዓወ

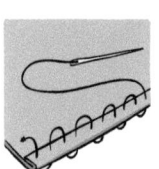

dikmek

ሰፈየ

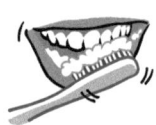

diş fırçalamak

ጽሬት አስናን

öldürmek

ቀተለ

sigara içmek

ሽጋራ ተከኸ

yollamak

ሰደደ

büyükanne
ዓባየ

büyükbaba
አቦሓጎ

baba
አቦ

anne
አደ

bebek
ማማይ

kız
ጓል

oğul
ወዲ

misafir

ጋሻ

teyze

ሓትኖ

amca

አኮ

erkek kardeş

ሓው

kız kardeş

ሓፍቲ

vücut

ኣካላት

alın
ግንባር
göz
ዓይኒ
omuz
መንኩብ
parmak
ኣጻብዕ
yüz
ገጽ
çene
መንከስ
el
ኢድ
göğüs
ኣፍ-ልቢ
bacak
ሽፋን እግሪ
kol
ምናት

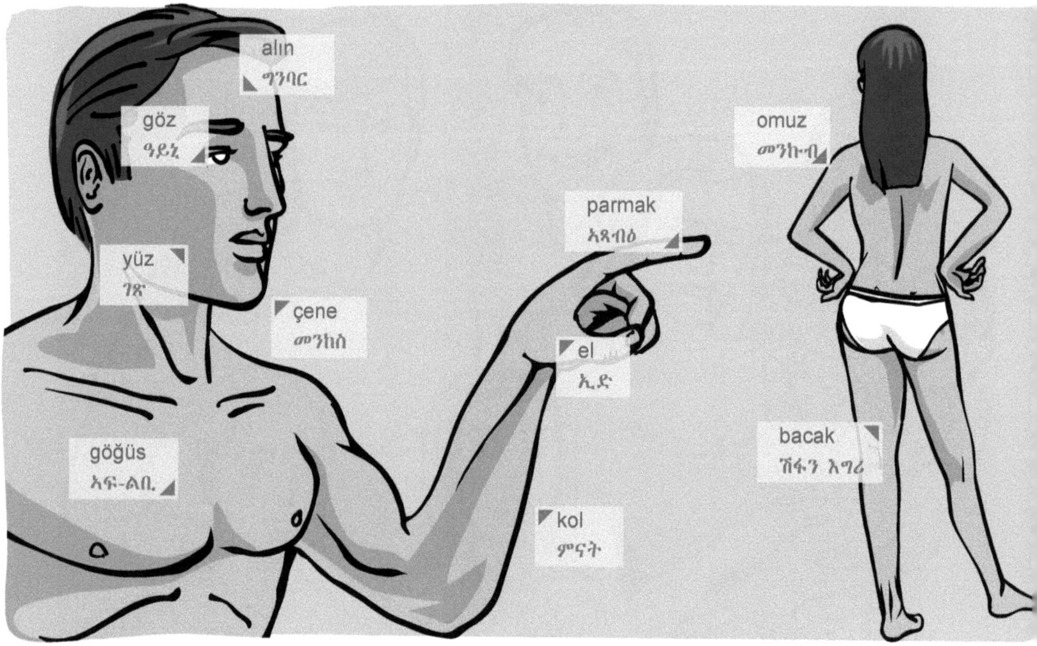

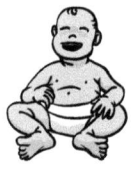

bebek

ማማይ

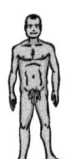

adam

ሰብኣይ

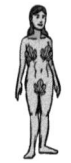

kadın

ሰበይቲ

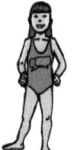

kız

ጓል

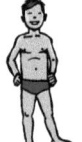

erkek çocuk

ወዲ

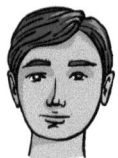

baş

ርእሲ

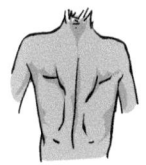

sırt

ሕቖ

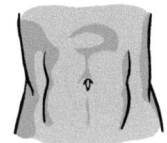

karın

ከስዐ

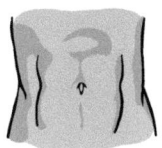

göbek

ሕምብርቲ

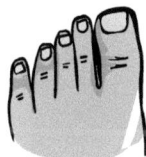

ayak parmağı

ኣጻብዕ እግሪ

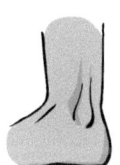

topuk

ኩርኹረ

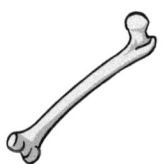

kemik

ዓጽሚ

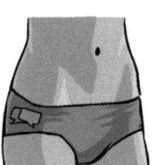

kalça

ምሕኩልቲ

diz

ብርኪ

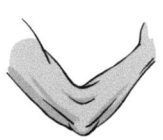

dirsek

ፍግፍጉ

burun

ኣፍንጫ

kalça

መዓኮር

deri

ቆርበት

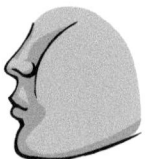

yanak

ምዕጉርቲ

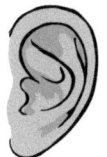

kulak

እዝኒ

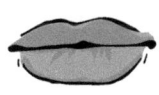

dudak

ከንፈር

ağız

አፍ

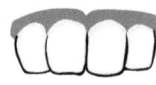

diş

ስኒ

dil

መልሓስ

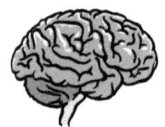

beyin

ሓንጎል

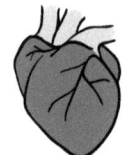

kalp

ልቢ

kas

ጭዋዳ

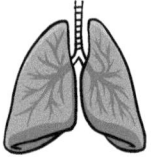

akciğer

ሳንቡእ

karaciğer

ጸላም ከብዲ

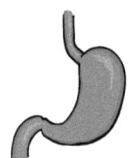

mide

ከብዲ

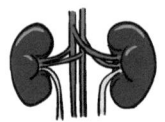

böbrekler

ኮሊት

seks

ግብረ ስጋ

prezervatif

ኮንዶም

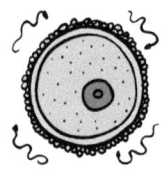

yumurtalık

እንቋቍሓ

sperm

ዘርኢ ተባዕታይ

hamilelik

ጥንሲ

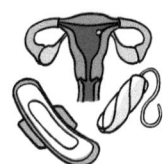

regl

ጽግያት

vajina

ርሕሚ

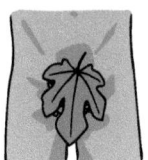

penis

መትሎ

kaş

ሽፋ·ሽፍቲ

saç

ጸግሪ

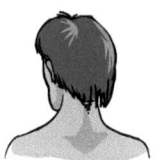

boyun

ክሳድ

hastane

ሆስፒታል

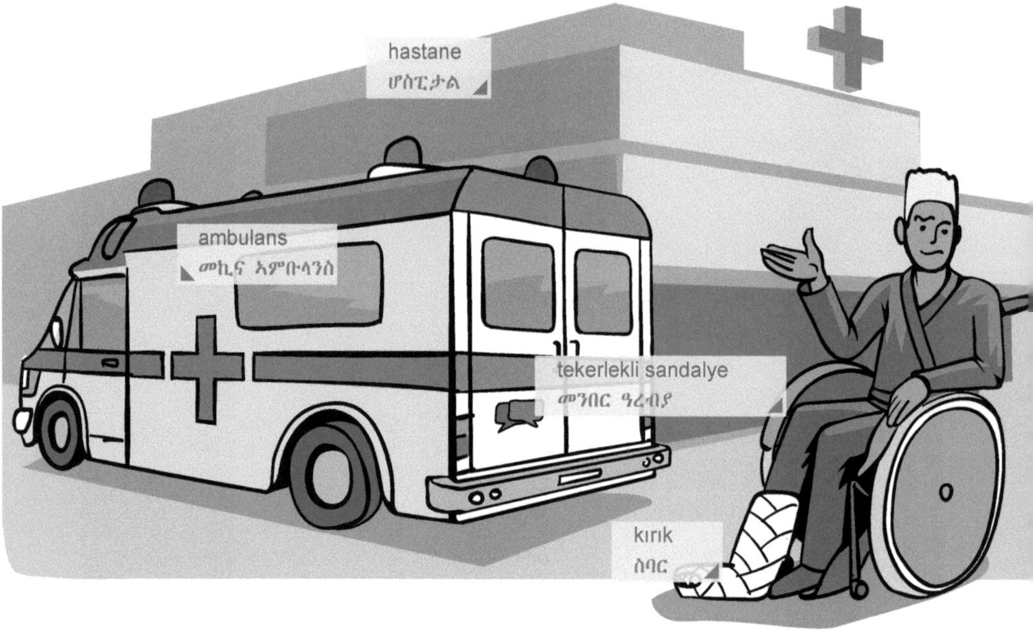

hastane
ሆስፒታል
ambulans
መኪና ኣምቡላንስ
tekerlekli sandalye
መንበር ዓረብያ
kırık
ስባር

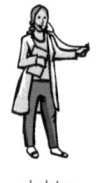

doktor

ሓኪም

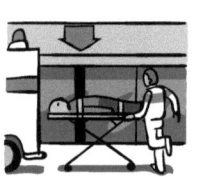

acil servis

ክፍሊ ህጹጽ ረድኤት

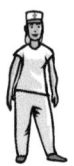

hemşire

ኣላይት

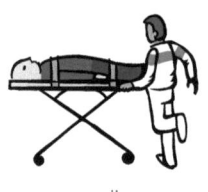

acil

ህጹጽ ኩነት

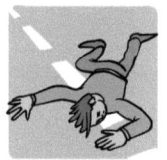

baygın

ውነኡ ዘጥፍአ

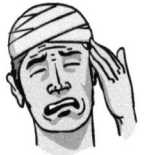

acı

ቃንዛ

yaralanma

ጉድኣት

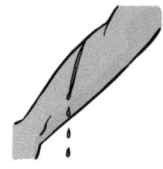

kanama

ደም

kalp krizi

ማህረምቲ

felç

ማህረምቲ

alerji

ኣለርጂ

öksürük

ሰዓል

ateş

ረስኒ

grip

ኡንፍልወንዛ

ishal

ውጽኣት

baş ağrısı

ቃንዛ ርእሲ

kanser

መንሽሮ

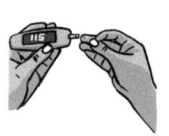

şeker hastalığı

ሹኮርያ

cerrah

ሓኪም መጥባሕቲ

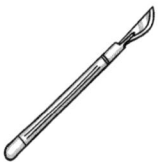

neşter

መጥብሒ

operasyon

መጥባሕቲ

bilgisayarlı tomografi

CT

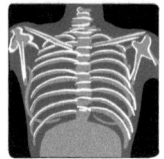

röntgen

ራጄ

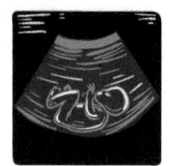

ultrason

ልዕለ ድምጻዊ

yüz maskesi

መሸፈኒ ገጽ

hastalık

ሕማም

bekleme odası

ክፍሊ ምጽባይ

koltuk değneği

ምርኩስ

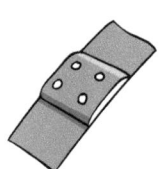

yara bandı

መጀነኒ ቑስሊ

bandaj

መጀነኒ

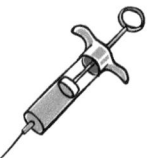

enjeksiyon

መርፍዕ ምውጋእ

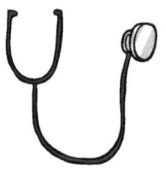

steteskop

ስተቶስኮፕ

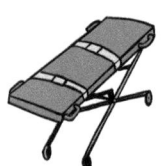

sedye

መሰከሚ ሕማም

tıbbi termometre

ቴርሞመተር

doğum

ትውልዲ

fazla kilo

ልዕለ-ሚዛን

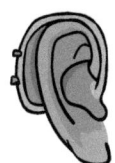

işitme cihazı

ሓገዝ ምስማዕ

dezenfektan

ኣንጺሂ

enfeksiyon

ልበዳ

virüs

ቫይረስ

HIV / AIDS

ኤድስ

ilaç

ሕክምና

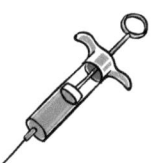

aşı

ክታብ

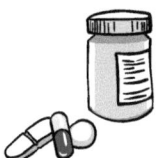

tablet

ክኒና

hap

ክኒና

acil çağrı

ህጹጽ ምድዋል

tansiyon aleti

መዕቀኒ ጸቕጢ ደም

hasta / sağlıklı

ሕሙም / ጥዑይ

İmdat!

ሓገዝ

alarm

ኣላርም

darp

ምህጃም

saldırı

መጥቃዕቲ

tehlike

ድንገት

acil çıkış

ሀጹ.ጽ መውጽኢ.

Yangın!

ሓዊ!

yangın tüpü

መጥፍኢ. ሓዊ

kaza

ሓደጋ

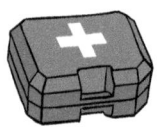

ilk yardım çantası

ሳንጣ ቀዳማይ ረድኤት

imdat

SOS

polis

ፖሊስ

Avrupa

ኤውሮጳ

Kuzey Amerika

ሰሜን አመሪካ

Güney amerika

ደቡብ አመሪካ

Afrika

አፍሪቃ

Asya

ኤስያ

Avustralya

አውስትራልያ

Atlantik

አትላንቲክ

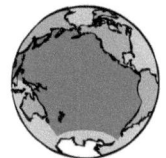

Pasifik

ፓሲፊክ

Hint Okyanusu

ህንዳዊ ዉቅያኖስ

Antarktika Okyanusu

አንታርቲካዊ ዉቅያኖስ

Arktik Okyanusu

አርክቲካዊ ዉቅያኖስ

Kuzey Kutbu

ሰሜናዊ ዋልታ

Güney Kutbu

ደቡባዊ ዋልታ

Antarktika

አንታርቲካ

dünya

ምድሪ

kara

መሬት

deniz

ባሕሪ

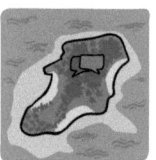

ada

ደሴት

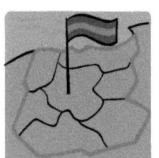

ulus

ሃገር

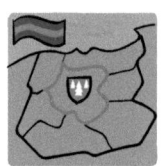

ülke

ዓዲ

kadran

ገጽ ሰዓት

akrep

አመልካቲ ሰዓታት

yelkovan

አመልካቲ ደቓይቕ

saniye ibresi

አመልካቲ ካልኢት

Saat kaç?

ሰዓት ክንደይ አሎ?

gün

መዓልቲ

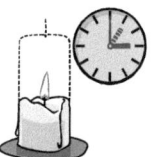

zaman

ግዜ

şimdi

ሕጂ

dijital saat

ዲጊታል ሰዓት

dakika

ደቒቕ

saat

ሰዓት

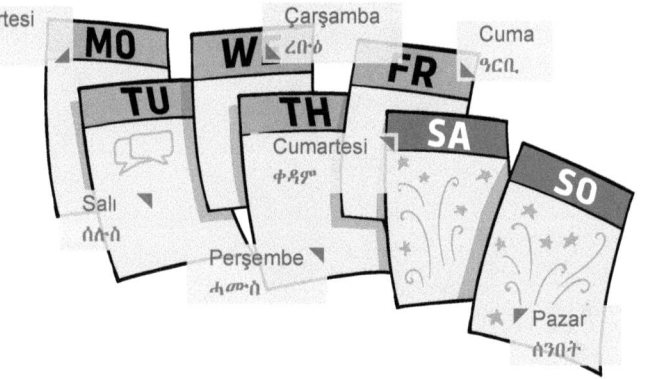

Pazartesi
ሰኑይ
Çarşamba
ረቡዕ
Cuma
ዓርቢ
Salı
ሰሉስ
Cumartesi
ቀዳም
Perşembe
ሓሙስ
Pazar
ሰንበት

dün

ትማሊ.

bugün

ሎሚ.

yarın

ጽባሕ

sabah

ንጎሆ

öğle

ቀትሪ

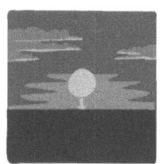

akşam

ምሸት

iş günleri

መዓልታት ስራሕ

hafta sonu

መወዳእታ ሰሙን

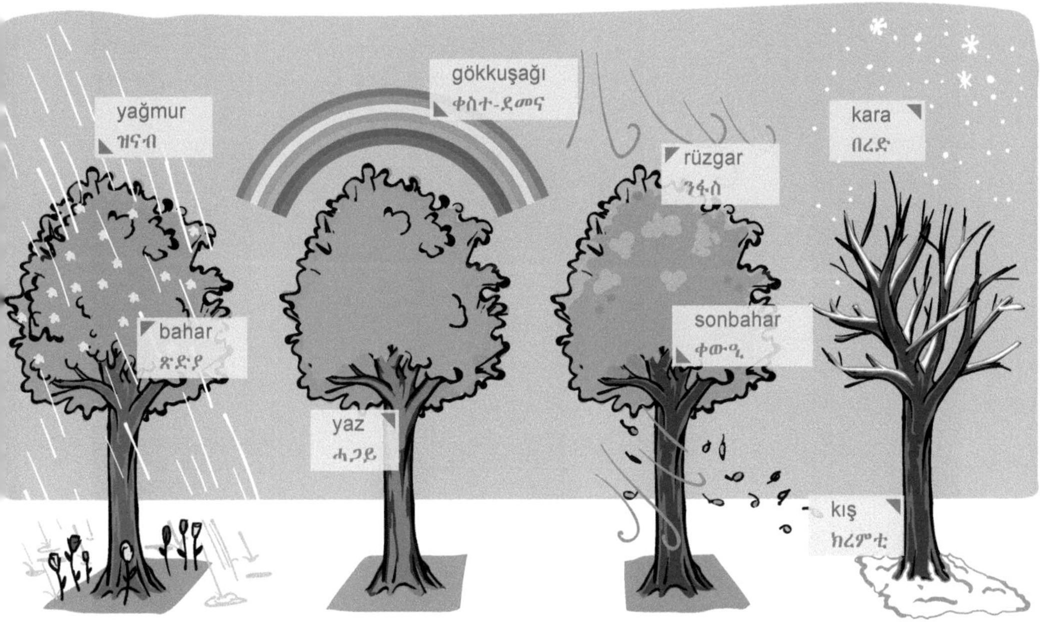

yağmur
ዝናብ

gökkuşağı
ቀስተ-ደመና

rüzgar
ንፋስ

kara
በረድ

bahar
ጽድያ

yaz
ሓጋይ

sonbahar
ቀውዒ

kış
ክረምቲ

4.APRIL	11°	☀
5.APRIL	4°	☁
6.APRIL	13°	☂
7.APRIL	8°	❄
8.APRIL	10°	☀

hava durumu tahmini

ትንቢት ኩነታት ኣየር

termometre

ቴርሞመተር

güneş ışığı

ብርሃን ጸሓይ

bulut

ደበና

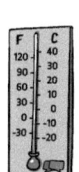

sis

ግመ

nem

ጠሊ

şimşek

ብርቂ

gök gürültüsü

ነጉዳ

fırtına

ህቦብላ

dolu

በረድ

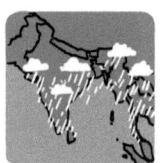

muson

ብርቱዕ ህቦብላ

sel

ውሕጅ

buz

በረድ

Ocak

ጥሪ

Şubat

ለካቲት

Mart

መጋቢት

Nisan

ሚያዝያ

Mayıs

ጉንበት

Haziran

ሰነ

Temmuz

ሓምለ

Ağustos

ነሓሰ

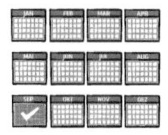

Eylül

መስከረም

Ekim

ጥቅምቲ

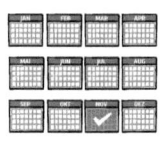

Kasım

ሕዳር

Aralık

ታሕሳስ

daire

ዙርያ

kare

ትርብዒት

dikdörtgen

ቅኑዕ ርቡዕ ኵርናዕ

üçgen

ስሉስ ኵርናዕ

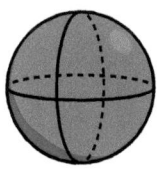

küre

ክቢ

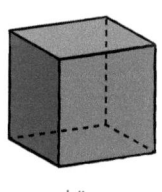

küp

ኩቦ

beyaz

ጸዕዳ

sarı

ብጫ

turuncu

ኣራንጅ

pembe

ፒንክ

kırmızı

ቀይሕ

mor

ጁኽ

mavi

ሰማያዊ

yeşil

ቀጠልያ

kahverengi

ቡናዊ

gri

ሓሙኽሽታይ

siyah

ጸሊም

çok / az

ብዙሕ / ውሑድ

kızgın / sakin

ሕሩቕ / ሰላማዊ

güzel / çirkin

ጽቡቕ / ክፉእ

başlangıç / son

መጀመርያ / መወዳእታ

büyük / küçük

ዓቢ / ንእሽቶ

parlak / karanlık

ብሩህ / ጸልማት

erkek kardeş / kız kardeş

ሓው / ሓፍት

temiz / kirli

ጽሩይ / ርሳሕ

tamam / eksik

ምሉእ / ዘይምሉእ

gün / gece

መዓልቲ / ለይቲ

ölü / canlı

ሙዉት / ህልው

geniş / dar

ሰፊሕ / ጸቢብ

yenilebilir / yenilemez

ደስ ዘበል / ደስ ዘይብል

kötü / iyi

እኩይ / ህያዋይ

heyecanlı / sıkılmış

ርቡጽ / ስልኩይ

şişman / zayıf

ረጊድ / ቀጢን

ilk / son

ቀዳማይ / ናይ መወዳእታ

dost / düşman

ዓርኪ / ጸላኢ

dolu / boş

ምሉእ / ባዶ

sert / yumuşak

ተሪር / ልስሉስ

ağır / hafif

ከቢድ / ፈኲስ

açlık / susuzluk

ጥምየት / ጽምየት

hasta / sağlıklı

ሕሙም / ጥዑይ

yasa dışı / yasal

ዘይሕጋዊ / ሕጋዊ

zeki / aptal

መስተውዓሊ / ስዲ

sol / sağ

ጸጋም / የማን

yakın / uzak

ቐረባ / ርሑቕ

yeni / kullanılmış

ሓዲሽ / ብሉይ

hiçbir şey / bir şey

ዋላ ሓደ / ገለ

yaşlı / genç

ዓቢ/ኣረጊት / መንእሰይ

açma / kapama

ወልዕ / ኣጥፍእ

açık / kapalı

ክፉት / ዕጹው

sessiz / gürültülü

ህዱእ / ዓው

zengin / fakir

ሃብታም / ድኻ

doğru / yanlış

ቅኑዕ / ግጉይ

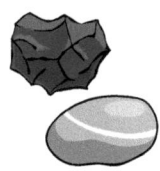

pürüzlü / düz

ሓርፋፍ / ልሙጽ

üzgün / mutlu

ጉሁይ / ሕጉስ

kısa / uzun

ሓጺር / ነዊሕ

yavaş / hızlı

ቀስ / ቅልጡፍ

ıslak / kuru

ጥሉል / ንቑጽ

sıcak / serin

ምዉቕ / ዝሑል

savaş / barış

ውግእ / ሰላም

0

sıfır

ዜሮ

1

bir

ሓደ

2

iki

ክልተ

3

üç

ሰለስተ

4

dört

አርባዕተ

5

beş

ሓሙሽተ

6

altı

ሽዱሽተ

7

yedi

ሸውዓተ

8

sekiz

ሸሞንተ

9

dokuz

ትሽዓተ

10

on

ዓሰርተ

11

on bir

ዓሰርተ ሓደ

12
on iki

ዓሰርተ ክልተ

13
on üç

ዓሰርተ ሰለስተ

14
on dört

ዓሰርተ አርባዕተ

15
on beş

ዓሰርተ ሓሙሽተ

16
on altı

ዓሰርተ ሽዱሽተ

17
on yedi

ዓሰርተ ሸውዓተ

18
on sekiz

ዓሰርተ ሸሞንተ

19
on dokuz

ዓሰርተ ትሽዓተ

20
yirmi

ዕስራ

100
yüz

ሚእቲ

1.000
bin

ሽሕ

1.000.000
milyon

ሚልዮን

İngilizce

እንግሊዝኛ

Amerikan İngilizcesi

አሜሪካዊ እንግሊዛዊ

Çince (Mandarin)

ቻይናዊ ማንዳሪን

Hintçe

ሂንዳዊ

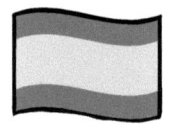

İspanyolca

እስጳኛዊ

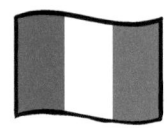

Fransızca

ፈረንሳዊ

Arapça

ዓረባዊ

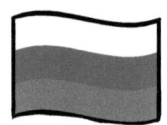

Rusça

ሩሲያዊ

Portekizce

ፖርቱጋላዊ

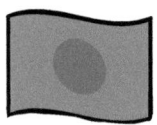

Bengalce

በንጋሊ

Almanca

ጀርመናዊ

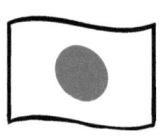

Japonca

ጃፓናዊ

ben

አነ

sen

ንስኻ/ኺ

o

ንሱ / ንሳ / ንሱ

biz

ንሕና

siz

ንስኻ

onlar

ንሳቶም

kim?

መን?

ne?

እንታይ?

nasıl?

ከመይ?

nerede?

አበይ?

ne zaman?

መዓስ?

isim

ሽም

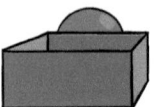

arkasında

ድሕሪ

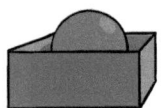

içinde

አብ

önünde

አብ ቅድሚ

üzerinde

አብ ላዕሊ

üstünde

አብ ልዕሊ

altında

ትሕቲ ምድሪ

yanında

አብ ጥቓ

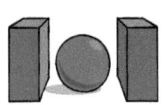

arasında

አብ መንጎ

yer

በታ